THE FAR SIDE®

1998 · DESK CALENDAR

GARY LARSON

Andrews McMeel
Publishing

an Andrews McMeel Universal company
Kansas City

 For information, write Andrews McMeel Publishing, an Andrews McMeel Universal company, 4520 Main Street, Kansas City, Missouri 64111.

www.andrewsmcmeel.com

ISBN: 0-8362-3153-8

JANUARY 1998

NOTES

SUNDAY	MONDAY	TUESDAY	WEDNESDAY	THURSDAY	FRIDAY	SATURDAY
28 DEC. '97	29	30	31	NEW YEAR'S DAY 1	2	3
4	5	6	7	8	9	10
11	12	13	14	15	16	17
18	MARTIN LUTHER KING JR.'S BIRTHDAY (OBSERVED) 19	20	21	22	23	24
25	26	27	28	29	30	31

February 1998

NOTES	SUNDAY	MONDAY	TUESDAY	WEDNESDAY	THURSDAY	FRIDAY	SATURDAY
	1	GROUNDHOG DAY 2	3	4	5	6	7
	8	9	10	11	12	13	VALENTINE'S DAY 14
	15	PRESIDENTS' DAY 16	17	18	19	20	21
	22	23	24	ASH WEDNESDAY 25	26	27	28
	1	2	3	4	5	6	7

MARCH 1998

NOTES

SUNDAY	MONDAY	TUESDAY	WEDNESDAY	THURSDAY	FRIDAY	SATURDAY
1	2	3	4	5	6	7
8	9	10	11	PURIM 12	13	14
15	16	ST. PATRICK'S DAY 17	18	19	20	21
22	23	24	25	26	27	28
29	30	31	1	2	3	4

April 1998

NOTES

SUNDAY	MONDAY	TUESDAY	WEDNESDAY	THURSDAY	FRIDAY	SATURDAY
29	30	31	1	2	3	4
PALM SUNDAY 5	6	7	8	9	GOOD FRIDAY 10	PASSOVER 11
EASTER 12	EASTER MONDAY (CANADA) 13	14	15	16	17	18
19	20	21	22	23	24	25
26	27	28	29	30	1	2

MAY 1998

NOTES

SUNDAY	MONDAY	TUESDAY	WEDNESDAY	THURSDAY	FRIDAY	SATURDAY
26	27	28	29	30	1	2
3	4	5	6	7	8	9
MOTHER'S DAY 10	11	12	13	14	15	ARMED FORCES DAY 16
17	VICTORIA DAY (CANADA) 18	19	20	21	22	23
24 / 31	MEMORIAL DAY 25	26	27	28	29	30

JUNE 1998

	SUNDAY	MONDAY	TUESDAY	WEDNESDAY	THURSDAY	FRIDAY	SATURDAY
NOTES	31	1	2	3	4	5	6
	7	8	9	10	11	12	13
	FLAG DAY 14	15	16	17	18	19	20
	FATHER'S DAY 21	22	23	24	25	26	27
	28	29	30	1	2	3	4

July 1998

NOTES

SUNDAY	MONDAY	TUESDAY	WEDNESDAY	THURSDAY	FRIDAY	SATURDAY
28	29	30	CANADA DAY 1	2	3	INDEPENDENCE DAY 4
5	6	7	8	9	10	11
12	13	14	15	16	17	18
19	20	21	22	23	24	25
26	27	28	29	30	31	1

AUGUST 1998

NOTES

SUNDAY	MONDAY	TUESDAY	WEDNESDAY	THURSDAY	FRIDAY	SATURDAY
26	27	28	29	30	31	1
2	3	4	5	6	7	8
9	10	11	12	13	14	15
16	17	18	19	20	21	22
23 30	24 31	25	26	27	28	29

SEPTEMBER 1998

NOTES	SUNDAY	MONDAY	TUESDAY	WEDNESDAY	THURSDAY	FRIDAY	SATURDAY
	30	31	1	2	3	4	5
	6	LABOR DAY 7	8	9	10	11	12
	13	14	15	16	17	18	19
	20	ROSH HASHANAH 21	22	23	24	25	26
	27	28	29	YOM KIPPUR 30	1	2	3

OCTOBER 1998

NOTES

SUNDAY	MONDAY	TUESDAY	WEDNESDAY	THURSDAY	FRIDAY	SATURDAY
27	28	29	30	1	2	3
4	5	6	7	8	9	10
11	COLUMBUS DAY THANKSGIVING (CANADA) 12	13	14	15	16	17
18	19	20	21	22	23	24
25	26	27	28	29	30	HALLOWEEN 31

NOVEMBER 1998

SUNDAY	MONDAY	TUESDAY	WEDNESDAY	THURSDAY	FRIDAY	SATURDAY
1	2	ELECTION DAY 3	4	5	6	7
8	9	10	VETERANS' DAY REMEMBRANCE DAY (CANADA) 11	12	13	14
15	16	17	18	19	20	21
22	23	24	25	THANKSGIVING 26	27	28
29	30	1	2	3	4	5

NOTES

december 1998

NOTES	SUNDAY	MONDAY	TUESDAY	WEDNESDAY	THURSDAY	FRIDAY	SATURDAY
	29	30	1	2	3	4	5
	6	7	8	9	10	11	12
	13	HANUKKAH 14	15	16	17	18	19
	20	21	22	23	24	CHRISTMAS 25	BOXING DAY (CANADA) 26
	27	28	29	30	31	1 JAN. '99	2

dEC - JAN
'97 – '98

S	M	T	W	T	F	S
	1	2	3	4	5	6
7	8	9	10	11	12	13
14	15	16	17	18	19	20
21	22	23	24	25	26	27
28	**29**	**30**	**31**	**1**	**2**	**3**

NOTES

At the Crabbiness Research Institute

MONDAY

29

TUESDAY

30

WEDNESDAY

31

THURSDAY

1

NEW YEAR'S DAY

FRIDAY

2

SATURDAY

3

SUNDAY

4

NOVEMBER '97

S	M	T	W	T	F	S
						1
2	3	4	5	6	7	8
9	10	11	12	13	14	15
16	17	18	19	20	21	22
23/30	24	25	26	27	28	29

JANUARY

S	M	T	W	T	F	S
				1	2	3
4	5	6	7	8	9	10
11	12	13	14	15	16	17
18	19	20	21	22	23	24
25	26	27	28	29	30	31

JANUARY
1 9 9 8

S	M	T	W	T	F	S
				1	2	3
4	**5**	**6**	**7**	**8**	**9**	**10**
11	12	13	14	15	16	17
18	19	20	21	22	23	24
25	26	27	28	29	30	31

NOTES

"Just a word of warning, Myron—if you miss, I'm comin' after your big hazel."

MONDAY	TUESDAY	WEDNESDAY
5	6	7

THURSDAY	FRIDAY	SATURDAY
8	9	10

SUNDAY

11

december '97

S	M	T	W	T	F	S
	1	2	3	4	5	6
7	8	9	10	11	12	13
14	15	16	17	18	19	20
21	22	23	24	25	26	27
28	29	30	31			

february

S	M	T	W	T	F	S
1	2	3	4	5	6	7
8	9	10	11	12	13	14
15	16	17	18	19	20	21
22	23	24	25	26	27	28

JANUARY
1998

S	M	T	W	T	F	S
				1	2	3
4	5	6	7	8	9	10
11	**12**	**13**	**14**	**15**	**16**	**17**
18	19	20	21	22	23	24
25	26	27	28	29	30	31

NOTES

"Now!"

MONDAY

12

TUESDAY

13

WEDNESDAY

14

THURSDAY

15

FRIDAY

16

SATURDAY

17

SUNDAY

18

december '97

S	M	T	W	T	F	S
	1	2	3	4	5	6
7	8	9	10	11	12	13
14	15	16	17	18	19	20
21	22	23	24	25	26	27
28	29	30	31			

february

S	M	T	W	T	F	S
1	2	3	4	5	6	7
8	9	10	11	12	13	14
15	16	17	18	19	20	21
22	23	24	25	26	27	28

JANUARY 1998

S	M	T	W	T	F	S
				1	2	3
4	5	6	7	8	9	10
11	12	13	14	15	16	17
18	**19**	**20**	**21**	**22**	**23**	**24**
25	26	27	28	29	30	31

NOTES

MONDAY

19

MARTIN LUTHER
KING JR.'S BIRTHDAY
(OBSERVED)

TUESDAY

20

WEDNESDAY

21

THURSDAY

22

FRIDAY

23

SATURDAY

24

SUNDAY

25

december '97

S	M	T	W	T	F	S
	1	2	3	4	5	6
7	8	9	10	11	12	13
14	15	16	17	18	19	20
21	22	23	24	25	26	27
28	29	30	31			

february

S	M	T	W	T	F	S
1	2	3	4	5	6	7
8	9	10	11	12	13	14
15	16	17	18	19	20	21
22	23	24	25	26	27	28

JAN-FEB
1 9 9 8

S	M	T	W	T	F	S
				1	2	3
4	5	6	7	8	9	10
11	12	13	14	15	16	17
18	19	20	21	22	23	24
25	**26**	**27**	**28**	**29**	**30**	**31**

NOTES

"C'mon, Gordy. ... Are you *really* choking, or just turning green?"

MONDAY	TUESDAY	WEDNESDAY
26	27	28

THURSDAY	FRIDAY	SATURDAY
29	30	31

SUNDAY

1

december '97

S	M	T	W	T	F	S
	1	2	3	4	5	6
7	8	9	10	11	12	13
14	15	16	17	18	19	20
21	22	23	24	25	26	27
28	29	30	31			

february

S	M	T	W	T	F	S
1	2	3	4	5	6	7
8	9	10	11	12	13	14
15	16	17	18	19	20	21
22	23	24	25	26	27	28

FEBRUARY
1 9 9 8

S	M	T	W	T	F	S
1	2	3	4	5	6	7
8	9	10	11	12	13	14
15	16	17	18	19	20	21
22	23	24	25	26	27	28

NOTES

"Excuse me, sir, but Shinkowsky keeps stepping on my sandal."

MONDAY

2

GROUNDHOG DAY

TUESDAY

3

WEDNESDAY

4

THURSDAY

5

FRIDAY

6

SATURDAY

7

SUNDAY

8

JANUARY

S	M	T	W	T	F	S
				1	2	3
4	5	6	7	8	9	10
11	12	13	14	15	16	17
18	19	20	21	22	23	24
25	26	27	28	29	30	31

MARCH

S	M	T	W	T	F	S
1	2	3	4	5	6	7
8	9	10	11	12	13	14
15	16	17	18	19	20	21
22	23	24	25	26	27	28
29	30	31				

February 1998

S	M	T	W	T	F	S
1	2	3	4	5	6	7
8	**9**	**10**	**11**	**12**	**13**	**14**
15	16	17	18	19	20	21
22	23	24	25	26	27	28

NOTES

“OK, guys, let’s move in on those heifers in the corner. ... Bob, you take the ‘Triple R.’ Dale, you take the ‘Circle L,’ and I’ll take the ‘Lazy Q.’”

MONDAY

9

TUESDAY

10

WEDNESDAY

11

THURSDAY

12

FRIDAY

13

SATURDAY

14

VALENTINE'S DAY

SUNDAY

15

January

S	M	T	W	T	F	S
				1	2	3
4	5	6	7	8	9	10
11	12	13	14	15	16	17
18	19	20	21	22	23	24
25	26	27	28	29	30	31

March

S	M	T	W	T	F	S
1	2	3	4	5	6	7
8	9	10	11	12	13	14
15	16	17	18	19	20	21
22	23	24	25	26	27	28
29	30	31				

FEBRUARY
1 9 9 8

S	M	T	W	T	F	S
1	2	3	4	5	6	7
8	9	10	11	12	13	14
15	**16**	**17**	**18**	**19**	**20**	**21**
22	23	24	25	26	27	28

NOTES

"Well, I'll be. ... I must've been holding the dang work order like *this!*"

MONDAY

16

PRESIDENTS' DAY

TUESDAY

17

WEDNESDAY

18

THURSDAY

19

FRIDAY

20

SATURDAY

21

SUNDAY

22

JANUARY

S	M	T	W	T	F	S
				1	2	3
4	5	6	7	8	9	10
11	12	13	14	15	16	17
18	19	20	21	22	23	24
25	26	27	28	29	30	31

MARCH

S	M	T	W	T	F	S
1	2	3	4	5	6	7
8	9	10	11	12	13	14
15	16	17	18	19	20	21
22	23	24	25	26	27	28
29	30	31				

feb - MAR 1998

S	M	T	W	T	F	S
1	2	3	4	5	6	7
8	9	10	11	12	13	14
15	16	17	18	19	20	21
22	**23**	**24**	**25**	**26**	**27**	**28**
1	2	3	4	5	6	7

NOTES

Giorgio Armani at home

MONDAY

23

TUESDAY

24

WEDNESDAY

25

ASH WEDNESDAY

THURSDAY

26

FRIDAY

27

SATURDAY

28

SUNDAY

1

JANUARY

S	M	T	W	T	F	S
				1	2	3
4	5	6	7	8	9	10
11	12	13	14	15	16	17
18	19	20	21	22	23	24
25	26	27	28	29	30	31

MARCH

S	M	T	W	T	F	S
1	2	3	4	5	6	7
8	9	10	11	12	13	14
15	16	17	18	19	20	21
22	23	24	25	26	27	28
29	30	31				

MARCH 1998

S	M	T	W	T	F	S
1	2	3	4	5	6	7
8	9	10	11	12	13	14
15	16	17	18	19	20	21
22	23	24	25	26	27	28
29	30	31				

NOTES

"Airrrr spearrrr ... airrrr spearrrr! ..."

MONDAY

2

TUESDAY

3

WEDNESDAY

4

THURSDAY

5

FRIDAY

6

SATURDAY

7

SUNDAY

8

february

S	M	T	W	T	F	S
1	2	3	4	5	6	7
8	9	10	11	12	13	14
15	16	17	18	19	20	21
22	23	24	25	26	27	28

april

S	M	T	W	T	F	S
			1	2	3	4
5	6	7	8	9	10	11
12	13	14	15	16	17	18
19	20	21	22	23	24	25
26	27	28	29	30		

MARCH 1998

S	M	T	W	T	F	S
1	2	3	4	5	6	7
8	**9**	**10**	**11**	**12**	**13**	**14**
15	16	17	18	19	20	21
22	23	24	25	26	27	28
29	30	31				

NOTES

The Pillsbury Doughboy meets Frank's Asphalt and Concrete Paving Service.

MONDAY

9

TUESDAY

10

WEDNESDAY

11

THURSDAY

12

PURIM

FRIDAY

13

SATURDAY

14

SUNDAY

15

february

S	M	T	W	T	F	S
1	2	3	4	5	6	7
8	9	10	11	12	13	14
15	16	17	18	19	20	21
22	23	24	25	26	27	28

april

S	M	T	W	T	F	S
			1	2	3	4
5	6	7	8	9	10	11
12	13	14	15	16	17	18
19	20	21	22	23	24	25
26	27	28	29	30		

MARCH
1998

S	M	T	W	T	F	S
1	2	3	4	5	6	7
8	9	10	11	12	13	14
15	**16**	**17**	**18**	**19**	**20**	**21**
22	23	24	25	26	27	28
29	30	31				

NOTES

Dogs and alcohol: The tragic untold story

MONDAY

16

TUESDAY

17

ST. PATRICK'S DAY

WEDNESDAY

18

THURSDAY

19

FRIDAY

20

SATURDAY

21

SUNDAY

22

february

S	M	T	W	T	F	S
1	2	3	4	5	6	7
8	9	10	11	12	13	14
15	16	17	18	19	20	21
22	23	24	25	26	27	28

april

S	M	T	W	T	F	S
			1	2	3	4
5	6	7	8	9	10	11
12	13	14	15	16	17	18
19	20	21	22	23	24	25
26	27	28	29	30		

MARCH
1 9 9 8

S	M	T	W	T	F	S
1	2	3	4	5	6	7
8	9	10	11	12	13	14
15	16	17	18	19	20	21
22	**23**	**24**	**25**	**26**	**27**	**28**
29	30	31				

NOTES

Billy leaves home to join the zoo, but returns the next day after being told that, as an animal, he was just "too common."

MONDAY

23

TUESDAY

24

WEDNESDAY

25

THURSDAY

26

FRIDAY

27

SATURDAY

28

SUNDAY

29

february

S	M	T	W	T	F	S
1	2	3	4	5	6	7
8	9	10	11	12	13	14
15	16	17	18	19	20	21
22	23	24	25	26	27	28

april

S	M	T	W	T	F	S
			1	2	3	4
5	6	7	8	9	10	11
12	13	14	15	16	17	18
19	20	21	22	23	24	25
26	27	28	29	30		

MAR - APR
1998

S	M	T	W	T	F	S
1	2	3	4	5	6	7
8	9	10	11	12	13	14
15	16	17	18	19	20	21
22	23	24	25	26	27	28
29	**30**	**31**	**1**	**2**	**3**	**4**

NOTES

"Randy, you idiot! Never take an elevator in an emergency!"

MONDAY

30

TUESDAY

31

WEDNESDAY

1

THURSDAY

2

FRIDAY

3

SATURDAY

4

SUNDAY

5

PALM SUNDAY

february

S	M	T	W	T	F	S
1	2	3	4	5	6	7
8	9	10	11	12	13	14
15	16	17	18	19	20	21
22	23	24	25	26	27	28

april

S	M	T	W	T	F	S
			1	2	3	4
5	6	7	8	9	10	11
12	13	14	15	16	17	18
19	20	21	22	23	24	25
26	27	28	29	30		

April
1998

S	M	T	W	T	F	S
			1	2	3	4
5	**6**	**7**	**8**	**9**	**10**	**11**
12	13	14	15	16	17	18
19	20	21	22	23	24	25
26	27	28	29	30		

NOTES

"Sidney! I made a mistake! ... Deposit the $50 *check* into savings, and put the $500 in *cash* into checking!"

MONDAY

6

TUESDAY

7

WEDNESDAY

8

THURSDAY

9

FRIDAY

10

GOOD FRIDAY

SATURDAY

11

PASSOVER

SUNDAY

12

EASTER

MARCH

S	M	T	W	T	F	S
1	2	3	4	5	6	7
8	9	10	11	12	13	14
15	16	17	18	19	20	21
22	23	24	25	26	27	28
29	30	31				

MAY

S	M	T	W	T	F	S
					1	2
3	4	5	6	7	8	9
10	11	12	13	14	15	16
17	18	19	20	21	22	23
24/31	25	26	27	28	29	30

April
1998

S	M	T	W	T	F	S
			1	2	3	4
5	6	7	8	9	10	11
12	**13**	**14**	**15**	**16**	**17**	**18**
19	20	21	22	23	24	25
26	27	28	29	30		

NOTES

"The big fellah's gonna be A-OK, Mrs. Dickerson. Now, a *square* knot would have been bad news, but this appears to be a 'granny.'"

MONDAY

13

EASTER MONDAY (CANADA)

TUESDAY

14

WEDNESDAY

15

THURSDAY

16

FRIDAY

17

SATURDAY

18

SUNDAY

19

MARCH

S	M	T	W	T	F	S
1	2	3	4	5	6	7
8	9	10	11	12	13	14
15	16	17	18	19	20	21
22	23	24	25	26	27	28
29	30	31				

MAY

S	M	T	W	T	F	S
					1	2
3	4	5	6	7	8	9
10	11	12	13	14	15	16
17	18	19	20	21	22	23
24/31	25	26	27	28	29	30

April 1998

S	M	T	W	T	F	S
			1	2	3	4
5	6	7	8	9	10	11
12	13	14	15	16	17	18
19	**20**	**21**	**22**	**23**	**24**	**25**
26	27	28	29	30		

NOTES

"We're *not* going to the mountains, so shut up and let's go! ... Most kids would count their lucky stars that every vacation their folks took 'em to the beach!"

MONDAY

20

TUESDAY

21

WEDNESDAY

22

THURSDAY

23

FRIDAY

24

SATURDAY

25

SUNDAY

26

MARCH

S	M	T	W	T	F	S
1	2	3	4	5	6	7
8	9	10	11	12	13	14
15	16	17	18	19	20	21
22	23	24	25	26	27	28
29	30	31				

MAY

S	M	T	W	T	F	S
					1	2
3	4	5	6	7	8	9
10	11	12	13	14	15	16
17	18	19	20	21	22	23
24 31	25	26	27	28	29	30

APR-MAY 1998

S	M	T	W	T	F	S
			1	2	3	4
5	6	7	8	9	10	11
12	13	14	15	16	17	18
19	20	21	22	23	24	25
26	**27**	**28**	**29**	**30**	1	**2**

NOTES

"Wow, this place is really packed—or maybe it's just my compound eyes."

MONDAY

27

TUESDAY

28

WEDNESDAY

29

THURSDAY

30

FRIDAY

1

SATURDAY

2

SUNDAY

3

MARCH

S	M	T	W	T	F	S
1	2	3	4	5	6	7
8	9	10	11	12	13	14
15	16	17	18	19	20	21
22	23	24	25	26	27	28
29	30	31				

MAY

S	M	T	W	T	F	S
					1	2
3	4	5	6	7	8	9
10	11	12	13	14	15	16
17	18	19	20	21	22	23
24 31	25	26	27	28	29	30

MAY 1998

S	M	T	W	T	F	S
					1	2
3	4	5	6	7	8	9
10	11	12	13	14	15	16
17	18	19	20	21	22	23
24 31	25	26	27	28	29	30

NOTES

"Mom! He's doing it again!"

MONDAY

4

TUESDAY

5

WEDNESDAY

6

THURSDAY

7

FRIDAY

8

SATURDAY

9

SUNDAY

10

MOTHER'S DAY

April

S	M	T	W	T	F	S
			1	2	3	4
5	6	7	8	9	10	11
12	13	14	15	16	17	18
19	20	21	22	23	24	25
26	27	28	29	30		

June

S	M	T	W	T	F	S
	1	2	3	4	5	6
7	8	9	10	11	12	13
14	15	16	17	18	19	20
21	22	23	24	25	26	27
28	29	30				

MAY
1998

S	M	T	W	T	F	S
					1	2
3	4	5	6	7	8	9
10	11	12	13	14	15	16
17	18	19	20	21	22	23
24/31	25	26	27	28	29	30

NOTES

"So then I says to Borg, 'You know, as long as we're under siege, one of us oughta moon these Saxon dogs.'"

MONDAY

11

TUESDAY

12

WEDNESDAY

13

THURSDAY

14

FRIDAY

15

SATURDAY

16

ARMED FORCES DAY

SUNDAY

17

April

S	M	T	W	T	F	S
			1	2	3	4
5	6	7	8	9	10	11
12	13	14	15	16	17	18
19	20	21	22	23	24	25
26	27	28	29	30		

June

S	M	T	W	T	F	S
	1	2	3	4	5	6
7	8	9	10	11	12	13
14	15	16	17	18	19	20
21	22	23	24	25	26	27
28	29	30				

MAY 1998

S	M	T	W	T	F	S
					1	2
3	4	5	6	7	8	9
10	11	12	13	14	15	16
17	**18**	**19**	**20**	**21**	**22**	**23**
24 31	25	26	27	28	29	30

NOTES

"Boy, he even looks like a drowned rat."

MONDAY

18

VICTORIA DAY (CANADA)

TUESDAY

19

WEDNESDAY

20

THURSDAY

21

FRIDAY

22

SATURDAY

23

SUNDAY

24

April

S	M	T	W	T	F	S
			1	2	3	4
5	6	7	8	9	10	11
12	13	14	15	16	17	18
19	20	21	22	23	24	25
26	27	28	29	30		

June

S	M	T	W	T	F	S
	1	2	3	4	5	6
7	8	9	10	11	12	13
14	15	16	17	18	19	20
21	22	23	24	25	26	27
28	29	30				

MAY 1998

S	M	T	W	T	F	S
					1	2
3	4	5	6	7	8	9
10	11	12	13	14	15	16
17	18	19	20	21	22	23
24 31	25	26	27	28	29	30

NOTES

And for the rest of his life, the young reptile suffered deep emotional scars.

MONDAY

25

MEMORIAL DAY

TUESDAY

26

WEDNESDAY

27

THURSDAY

28

FRIDAY

29

SATURDAY

30

SUNDAY

31

April

S	M	T	W	T	F	S
			1	2	3	4
5	6	7	8	9	10	11
12	13	14	15	16	17	18
19	20	21	22	23	24	25
26	27	28	29	30		

June

S	M	T	W	T	F	S
	1	2	3	4	5	6
7	8	9	10	11	12	13
14	15	16	17	18	19	20
21	22	23	24	25	26	27
28	29	30				

JUNE 1998

S	M	T	W	T	F	S
	1	2	3	4	5	6
7	8	9	10	11	12	13
14	15	16	17	18	19	20
21	22	23	24	25	26	27
28	29	30				

NOTES

"Dang, if it doesn't happen every time! ... We just sit down to relax and someone's knockin' at the door."

MONDAY

1

TUESDAY

2

WEDNESDAY

3

THURSDAY

4

FRIDAY

5

SATURDAY

6

SUNDAY

7

MAY

S	M	T	W	T	F	S
					1	2
3	4	5	6	7	8	9
10	11	12	13	14	15	16
17	18	19	20	21	22	23
24/31	25	26	27	28	29	30

July

S	M	T	W	T	F	S
			1	2	3	4
5	6	7	8	9	10	11
12	13	14	15	16	17	18
19	20	21	22	23	24	25
26	27	28	29	30	31	

JUNE 1998

S	M	T	W	T	F	S
	1	2	3	4	5	6
7	**8**	**9**	**10**	**11**	**12**	**13**
14	15	16	17	18	19	20
21	22	23	24	25	26	27
28	29	30				

NOTES

"Sorry, Bobby, but you know the rule—no swimming for a week after eating."

MONDAY

8

TUESDAY

9

WEDNESDAY

10

THURSDAY

11

FRIDAY

12

SATURDAY

13

SUNDAY

14

FLAG DAY

MAY

S	M	T	W	T	F	S
					1	2
3	4	5	6	7	8	9
10	11	12	13	14	15	16
17	18	19	20	21	22	23
24/31	25	26	27	28	29	30

July

S	M	T	W	T	F	S
			1	2	3	4
5	6	7	8	9	10	11
12	13	14	15	16	17	18
19	20	21	22	23	24	25
26	27	28	29	30	31	

JUNE 1998

S	M	T	W	T	F	S
	1	2	3	4	5	6
7	8	9	10	11	12	13
14	**15**	**16**	**17**	**18**	**19**	**20**
21	22	23	24	25	26	27
28	29	30				

NOTES

"You know, I wish you'd get rid of that hideous thing—and I think it's just plain dangerous to have one in the house."

MONDAY

15

TUESDAY

16

WEDNESDAY

17

THURSDAY

18

FRIDAY

19

SATURDAY

20

SUNDAY

21

FATHER'S DAY

MAY

S	M	T	W	T	F	S
					1	2
3	4	5	6	7	8	9
10	11	12	13	14	15	16
17	18	19	20	21	22	23
24/31	25	26	27	28	29	30

July

S	M	T	W	T	F	S
			1	2	3	4
5	6	7	8	9	10	11
12	13	14	15	16	17	18
19	20	21	22	23	24	25
26	27	28	29	30	31	

JUNE
1998

S	M	T	W	T	F	S
	1	2	3	4	5	6
7	8	9	10	11	12	13
14	15	16	17	18	19	20
21	**22**	**23**	**24**	**25**	**26**	**27**
28	29	30				

NOTES

MONDAY

22

TUESDAY

23

WEDNESDAY

24

THURSDAY

25

FRIDAY

26

SATURDAY

27

SUNDAY

28

MAY

S	M	T	W	T	F	S
					1	2
3	4	5	6	7	8	9
10	11	12	13	14	15	16
17	18	19	20	21	22	23
24/31	25	26	27	28	29	30

July

S	M	T	W	T	F	S
			1	2	3	4
5	6	7	8	9	10	11
12	13	14	15	16	17	18
19	20	21	22	23	24	25
26	27	28	29	30	31	

JUN-JUL
1998

S	M	T	W	T	F	S
	1	2	3	4	5	6
7	8	9	10	11	12	13
14	15	16	17	18	19	20
21	22	23	24	25	26	27
28	**29**	**30**	**1**	**2**	**3**	**4**

NOTES

"Well, wouldn't you know it—we've come all this way to our favorite beach and someone's strung chicken wire around it."

MONDAY

29

TUESDAY

30

WEDNESDAY

1

CANADA DAY

THURSDAY

2

FRIDAY

3

SATURDAY

4

INDEPENDENCE DAY

SUNDAY

5

MAY

S	M	T	W	T	F	S
					1	2
3	4	5	6	7	8	9
10	11	12	13	14	15	16
17	18	19	20	21	22	23
24/31	25	26	27	28	29	30

July

S	M	T	W	T	F	S
			1	2	3	4
5	6	7	8	9	10	11
12	13	14	15	16	17	18
19	20	21	22	23	24	25
26	27	28	29	30	31	

July
1998

S	M	T	W	T	F	S
			1	2	3	4
5	**6**	**7**	**8**	**9**	**10**	**11**
12	13	14	15	16	17	18
19	20	21	22	23	24	25
26	27	28	29	30	31	

NOTES

Carrots of the evening

MONDAY

6

TUESDAY

7

WEDNESDAY

8

THURSDAY

9

FRIDAY

10

SATURDAY

11

SUNDAY

12

JUNE

S	M	T	W	T	F	S
	1	2	3	4	5	6
7	8	9	10	11	12	13
14	15	16	17	18	19	20
21	22	23	24	25	26	27
28	29	30				

AUGUST

S	M	T	W	T	F	S
						1
2	3	4	5	6	7	8
9	10	11	12	13	14	15
16	17	18	19	20	21	22
23/30	24/31	25	26	27	28	29

July 1998

S	M	T	W	T	F	S
			1	2	3	4
5	6	7	8	9	10	11
12	**13**	**14**	**15**	**16**	**17**	**18**
19	20	21	22	23	24	25
26	27	28	29	30	31	

NOTES

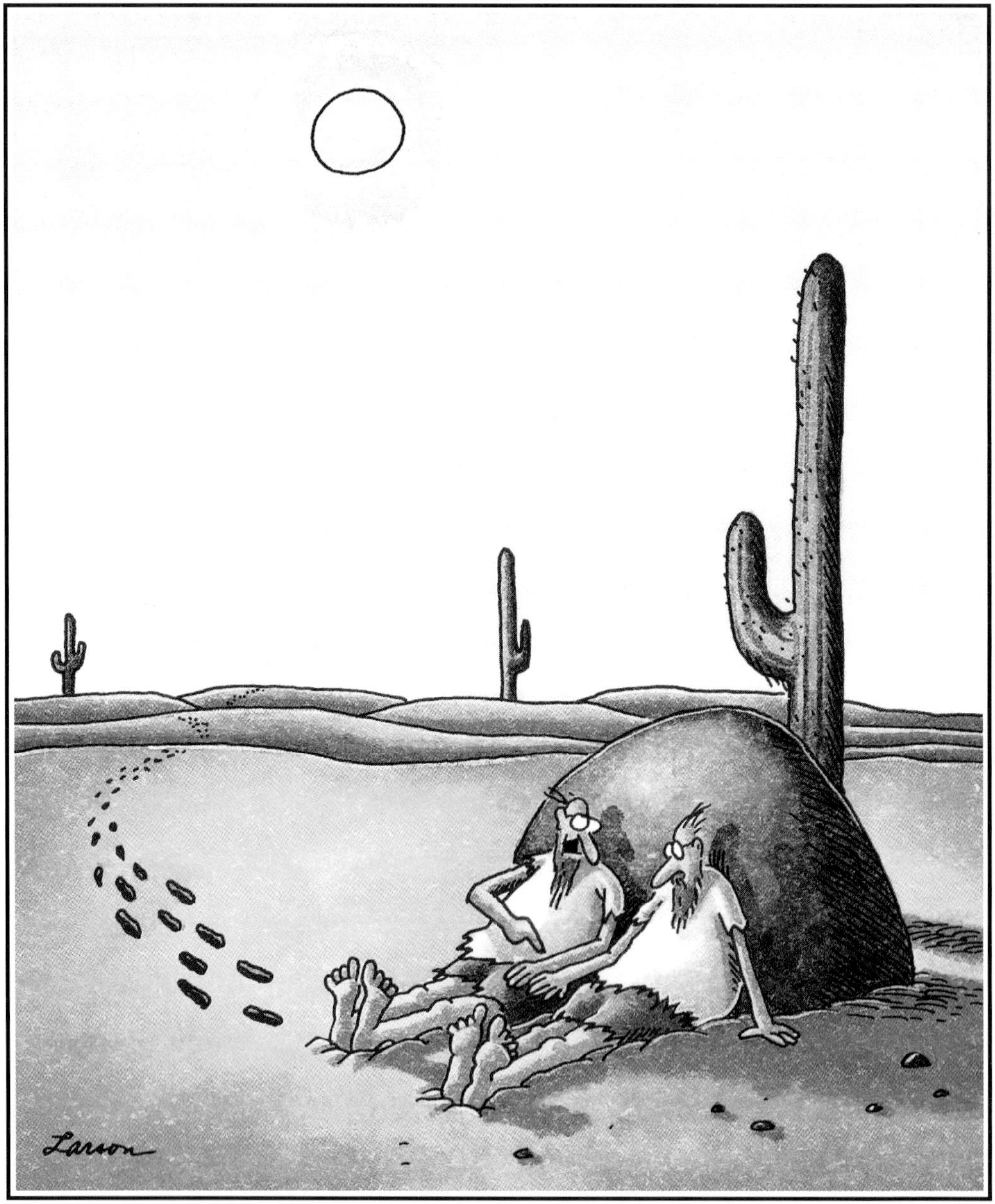

"Are you serious? Look at our arms! If anything, I'm *twice* as tan as you are."

MONDAY

13

TUESDAY

14

WEDNESDAY

15

THURSDAY

16

FRIDAY

17

SATURDAY

18

SUNDAY

19

JUNE

S	M	T	W	T	F	S
	1	2	3	4	5	6
7	8	9	10	11	12	13
14	15	16	17	18	19	20
21	22	23	24	25	26	27
28	29	30				

AUGUST

S	M	T	W	T	F	S
						1
2	3	4	5	6	7	8
9	10	11	12	13	14	15
16	17	18	19	20	21	22
23/30	24/31	25	26	27	28	29

July
1998

S	M	T	W	T	F	S
			1	2	3	4
5	6	7	8	9	10	11
12	13	14	15	16	17	18
19	**20**	**21**	**22**	**23**	**24**	**25**
26	27	28	29	30	31	

NOTES

Unknown to most historians, William Tell had an older and less fortunate son named Warren.

MONDAY

20

TUESDAY

21

WEDNESDAY

22

THURSDAY

23

FRIDAY

24

SATURDAY

25

SUNDAY

26

JUNE

S	M	T	W	T	F	S
	1	2	3	4	5	6
7	8	9	10	11	12	13
14	15	16	17	18	19	20
21	22	23	24	25	26	27
28	29	30				

AUGUST

S	M	T	W	T	F	S
						1
2	3	4	5	6	7	8
9	10	11	12	13	14	15
16	17	18	19	20	21	22
23/30	24/31	25	26	27	28	29

JUL-AUG 1998

S	M	T	W	T	F	S
			1	2	3	4
5	6	7	8	9	10	11
12	13	14	15	16	17	18
19	20	21	22	23	24	25
26	**27**	**28**	**29**	**30**	**31**	**1**

NOTES

"Rise and shine, everyone! ... It's a beautiful day and we're all going to the window sill."

MONDAY

27

TUESDAY

28

WEDNESDAY

29

THURSDAY

30

FRIDAY

31

SATURDAY

1

SUNDAY

2

JUNE

S	M	T	W	T	F	S
	1	2	3	4	5	6
7	8	9	10	11	12	13
14	15	16	17	18	19	20
21	22	23	24	25	26	27
28	29	30				

AUGUST

S	M	T	W	T	F	S
						1
2	3	4	5	6	7	8
9	10	11	12	13	14	15
16	17	18	19	20	21	22
23/30	24/31	25	26	27	28	29

AUGUST 1998

S	M	T	W	T	F	S
						1
2	3	4	5	6	7	8
9	10	11	12	13	14	15
16	17	18	19	20	21	22
23/30	24/31	25	26	27	28	29

NOTES

Eventually, the chickens were able to drive a wedge between Farmer Bob and Lulu.

MONDAY

3

TUESDAY

4

WEDNESDAY

5

THURSDAY

6

FRIDAY

7

SATURDAY

8

SUNDAY

9

July

S	M	T	W	T	F	S
			1	2	3	4
5	6	7	8	9	10	11
12	13	14	15	16	17	18
19	20	21	22	23	24	25
26	27	28	29	30	31	

September

S	M	T	W	T	F	S
		1	2	3	4	5
6	7	8	9	10	11	12
13	14	15	16	17	18	19
20	21	22	23	24	25	26
27	28	29	30			

AUGUST 1998

S	M	T	W	T	F	S
						1
2	3	4	5	6	7	8
9	**10**	**11**	**12**	**13**	**14**	**15**
16	17	18	19	20	21	22
23/30	24/31	25	26	27	28	29

NOTES

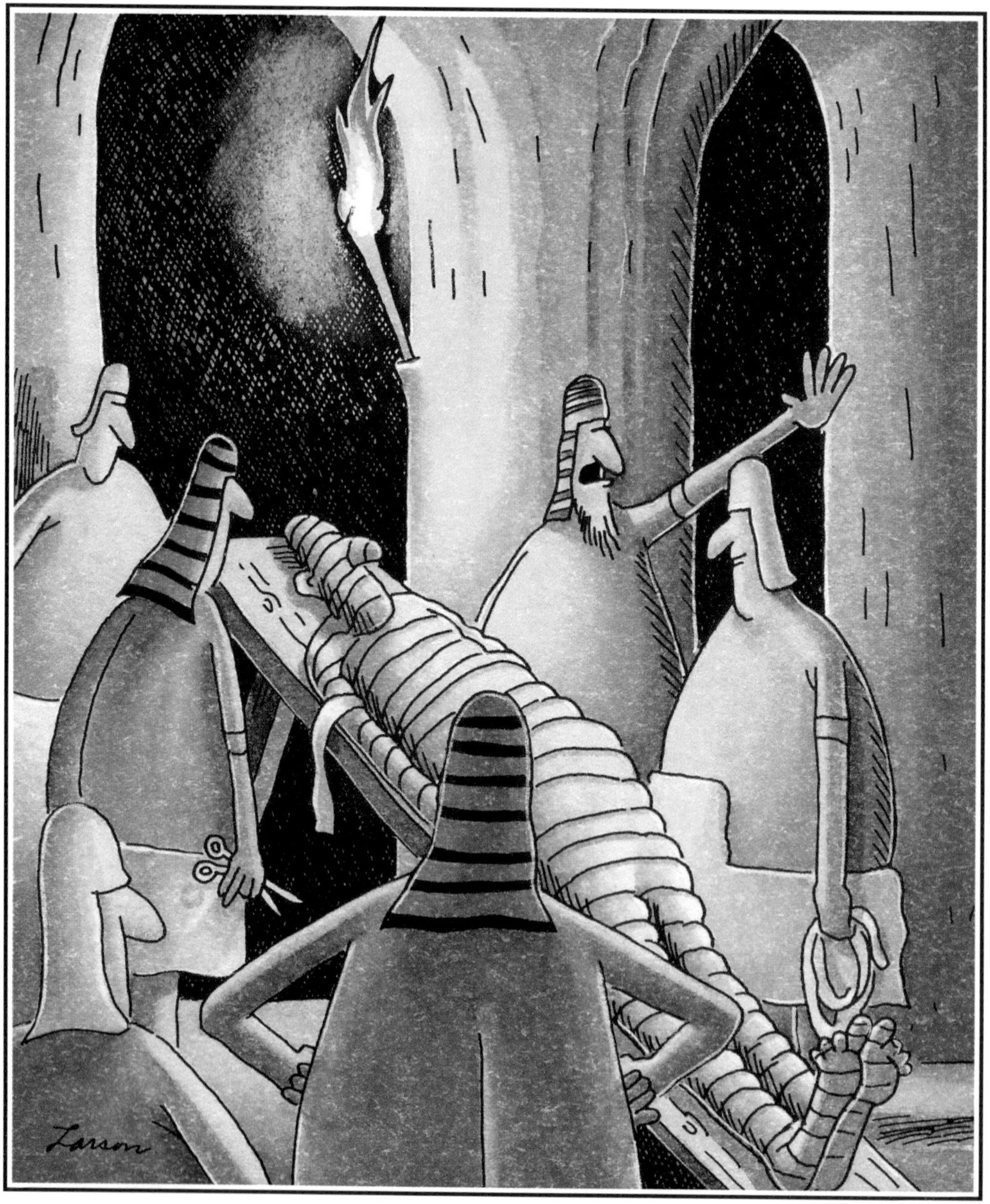

"OK, folks! ... It's a wrap!"

MONDAY

10

TUESDAY

11

WEDNESDAY

12

THURSDAY

13

FRIDAY

14

SATURDAY

15

SUNDAY

16

July

S	M	T	W	T	F	S
			1	2	3	4
5	6	7	8	9	10	11
12	13	14	15	16	17	18
19	20	21	22	23	24	25
26	27	28	29	30	31	

September

S	M	T	W	T	F	S
		1	2	3	4	5
6	7	8	9	10	11	12
13	14	15	16	17	18	19
20	21	22	23	24	25	26
27	28	29	30			

AUGUST 1998

S	M	T	W	T	F	S
						1
2	3	4	5	6	7	8
9	10	11	12	13	14	15
16	**17**	**18**	**19**	**20**	**21**	**22**
23 30	24 31	25	26	27	28	29

NOTES

When flight mechanisms become flooded.

MONDAY

17

TUESDAY

18

WEDNESDAY

19

THURSDAY

20

FRIDAY

21

SATURDAY

22

SUNDAY

23

July

S	M	T	W	T	F	S
			1	2	3	4
5	6	7	8	9	10	11
12	13	14	15	16	17	18
19	20	21	22	23	24	25
26	27	28	29	30	31	

September

S	M	T	W	T	F	S
		1	2	3	4	5
6	7	8	9	10	11	12
13	14	15	16	17	18	19
20	21	22	23	24	25	26
27	28	29	30			

AUGUST 1998

S	M	T	W	T	F	S
						1
2	3	4	5	6	7	8
9	10	11	12	13	14	15
16	17	18	19	20	21	22
23/30	24/31	25	26	27	28	29

NOTES

Goldfish little brothers

MONDAY

24

TUESDAY

25

WEDNESDAY

26

THURSDAY

27

FRIDAY

28

SATURDAY

29

SUNDAY

30

July

S	M	T	W	T	F	S
			1	2	3	4
5	6	7	8	9	10	11
12	13	14	15	16	17	18
19	20	21	22	23	24	25
26	27	28	29	30	31	

September

S	M	T	W	T	F	S
		1	2	3	4	5
6	7	8	9	10	11	12
13	14	15	16	17	18	19
20	21	22	23	24	25	26
27	28	29	30			

AUG - SEP 1998

S	M	T	W	T	F	S
						1
2	3	4	5	6	7	8
9	10	11	12	13	14	15
16	17	18	19	20	21	22
23 30	24 31	25	26	27	28	29

NOTES

Ineffective tools of persuasion

MONDAY

31

TUESDAY

1

WEDNESDAY

2

THURSDAY

3

FRIDAY

4

SATURDAY

5

SUNDAY

6

July

S	M	T	W	T	F	S
			1	2	3	4
5	6	7	8	9	10	11
12	13	14	15	16	17	18
19	20	21	22	23	24	25
26	27	28	29	30	31	

September

S	M	T	W	T	F	S
		1	2	3	4	5
6	7	8	9	10	11	12
13	14	15	16	17	18	19
20	21	22	23	24	25	26
27	28	29	30			

SEPTEMBER 1998

S	M	T	W	T	F	S
		1	2	3	4	5
6	**7**	**8**	**9**	**10**	**11**	**12**
13	14	15	16	17	18	19
20	21	22	23	24	25	26
27	28	29	30			

NOTES

"Oh, yeah! They work real hard, all day long, seven days a week! ... And here's the best part—*for chicken feed!*"

MONDAY

7

LABOR DAY

TUESDAY

8

WEDNESDAY

9

THURSDAY

10

FRIDAY

11

SATURDAY

12

SUNDAY

13

AUGUST

S	M	T	W	T	F	S
						1
2	3	4	5	6	7	8
9	10	11	12	13	14	15
16	17	18	19	20	21	22
23/30	24/31	25	26	27	28	29

OCTOBER

S	M	T	W	T	F	S
				1	2	3
4	5	6	7	8	9	10
11	12	13	14	15	16	17
18	19	20	21	22	23	24
25	26	27	28	29	30	31

SEPTEMBER 1998

S	M	T	W	T	F	S
		1	2	3	4	5
6	7	8	9	10	11	12
13	**14**	**15**	**16**	**17**	**18**	**19**
20	21	22	23	24	25	26
27	28	29	30			

NOTES

"Hold it right there, Doreen! ... Leave if you must—but the dog *stays!*"

MONDAY

14

TUESDAY

15

WEDNESDAY

16

THURSDAY

17

FRIDAY

18

SATURDAY

19

SUNDAY

20

AUGUST

S	M	T	W	T	F	S
						1
2	3	4	5	6	7	8
9	10	11	12	13	14	15
16	17	18	19	20	21	22
23/30	24/31	25	26	27	28	29

OCTOBER

S	M	T	W	T	F	S
				1	2	3
4	5	6	7	8	9	10
11	12	13	14	15	16	17
18	19	20	21	22	23	24
25	26	27	28	29	30	31

SEPTEMBER
1 9 9 8

S	M	T	W	T	F	S
		1	2	3	4	5
6	7	8	9	10	11	12
13	14	15	16	17	18	19
20	**21**	**22**	**23**	**24**	**25**	**26**
27	28	29	30			

NOTES

The committee to decide whether spawning should be taught in school.

MONDAY

21

ROSH HASHANAH

TUESDAY

22

WEDNESDAY

23

THURSDAY

24

FRIDAY

25

SATURDAY

26

SUNDAY

27

AUGUST

S	M	T	W	T	F	S
						1
2	3	4	5	6	7	8
9	10	11	12	13	14	15
16	17	18	19	20	21	22
23/30	24/31	25	26	27	28	29

OCTOBER

S	M	T	W	T	F	S
				1	2	3
4	5	6	7	8	9	10
11	12	13	14	15	16	17
18	19	20	21	22	23	24
25	26	27	28	29	30	31

SEP-OCT 1998

S	M	T	W	T	F	S
		1	2	3	4	5
6	7	8	9	10	11	12
13	14	15	16	17	18	19
20	21	22	23	24	25	26
27	**28**	**29**	**30**	**1**	**2**	**3**

NOTES

"Python ... and he's home."

MONDAY

28

TUESDAY

29

WEDNESDAY

30

YOM KIPPUR

THURSDAY

1

FRIDAY

2

SATURDAY

3

SUNDAY

4

AUGUST

S	M	T	W	T	F	S
						1
2	3	4	5	6	7	8
9	10	11	12	13	14	15
16	17	18	19	20	21	22
23/30	24/31	25	26	27	28	29

OCTOBER

S	M	T	W	T	F	S
				1	2	3
4	5	6	7	8	9	10
11	12	13	14	15	16	17
18	19	20	21	22	23	24
25	26	27	28	29	30	31

OCTOBER 1998

S	M	T	W	T	F	S
				1	2	3
4	5	6	7	8	9	10
11	12	13	14	15	16	17
18	19	20	21	22	23	24
25	26	27	28	29	30	31

NOTES

"I can't believe it! This is impossible! Nothing here but—wait! Wait! I see something! Yes! There they are—granola bars!"

MONDAY

5

TUESDAY

6

WEDNESDAY

7

THURSDAY

8

FRIDAY

9

SATURDAY

10

SUNDAY

11

SEPTEMBER

S	M	T	W	T	F	S
		1	2	3	4	5
6	7	8	9	10	11	12
13	14	15	16	17	18	19
20	21	22	23	24	25	26
27	28	29	30			

NOVEMBER

S	M	T	W	T	F	S
1	2	3	4	5	6	7
8	9	10	11	12	13	14
15	16	17	18	19	20	21
22	23	24	25	26	27	28
29	30					

OCTOBER 1998

S	M	T	W	T	F	S
				1	2	3
4	5	6	7	8	9	10
11	**12**	**13**	**14**	**15**	**16**	**17**
18	19	20	21	22	23	24
25	26	27	28	29	30	31

NOTES

Testing the carnivore-proof vest.

MONDAY

12

COLUMBUS DAY
THANKSGIVING (CANADA)

TUESDAY

13

WEDNESDAY

14

THURSDAY

15

FRIDAY

16

SATURDAY

17

SUNDAY

18

SEPTEMBER

S	M	T	W	T	F	S
		1	2	3	4	5
6	7	8	9	10	11	12
13	14	15	16	17	18	19
20	21	22	23	24	25	26
27	28	29	30			

NOVEMBER

S	M	T	W	T	F	S
1	2	3	4	5	6	7
8	9	10	11	12	13	14
15	16	17	18	19	20	21
22	23	24	25	26	27	28
29	30					

OCTOBER 1998

S	M	T	W	T	F	S
				1	2	3
4	5	6	7	8	9	10
11	12	13	14	15	16	17
18	19	20	21	22	23	24
25	26	27	28	29	30	31

NOTES

"I'm sorry Mr. Caldwell, but the big guy's on his way out. If you want my opinion, take him home, find a quiet spot out in the yard, and squash him."

MONDAY

19

TUESDAY

20

WEDNESDAY

21

THURSDAY

22

FRIDAY

23

SATURDAY

24

SUNDAY

25

SEPTEMBER

S	M	T	W	T	F	S
		1	2	3	4	5
6	7	8	9	10	11	12
13	14	15	16	17	18	19
20	21	22	23	24	25	26
27	28	29	30			

NOVEMBER

S	M	T	W	T	F	S
1	2	3	4	5	6	7
8	9	10	11	12	13	14
15	16	17	18	19	20	21
22	23	24	25	26	27	28
29	30					

OCT - NOV
1998

S	M	T	W	T	F	S
				1	2	3
4	5	6	7	8	9	10
11	12	13	14	15	16	17
18	19	20	21	22	23	24
25	**26**	**27**	**28**	**29**	**30**	**31**

NOTES

The nightmare makers

MONDAY	TUESDAY	WEDNESDAY
26	27	28

THURSDAY	FRIDAY	SATURDAY
29	30	31 HALLOWEEN

SUNDAY
1

SEPTEMBER

S	M	T	W	T	F	S
		1	2	3	4	5
6	7	8	9	10	11	12
13	14	15	16	17	18	19
20	21	22	23	24	25	26
27	28	29	30			

NOVEMBER

S	M	T	W	T	F	S
1	2	3	4	5	6	7
8	9	10	11	12	13	14
15	16	17	18	19	20	21
22	23	24	25	26	27	28
29	30					

NOVEMBER 1998

S	M	T	W	T	F	S
1	2	3	4	5	6	7
8	9	10	11	12	13	14
15	16	17	18	19	20	21
22	23	24	25	26	27	28
29	30					

NOTES

When fleas go unchecked

MONDAY

2

TUESDAY

3

ELECTION DAY

WEDNESDAY

4

THURSDAY

5

FRIDAY

6

SATURDAY

7

SUNDAY

8

october

S	M	T	W	T	F	S
				1	2	3
4	5	6	7	8	9	10
11	12	13	14	15	16	17
18	19	20	21	22	23	24
25	26	27	28	29	30	31

december

S	M	T	W	T	F	S
		1	2	3	4	5
6	7	8	9	10	11	12
13	14	15	16	17	18	19
20	21	22	23	24	25	26
27	28	29	30	31		

NOVEMBER 1998

S	M	T	W	T	F	S
1	2	3	4	5	6	7
8	**9**	**10**	**11**	**12**	**13**	**14**
15	16	17	18	19	20	21
22	23	24	25	26	27	28
29	30					

NOTES

Suburban headhunters

MONDAY

9

TUESDAY

10

WEDNESDAY

11

VETERANS' DAY
REMEMBRANCE DAY (CANADA)

THURSDAY

12

FRIDAY

13

SATURDAY

14

SUNDAY

15

october

S	M	T	W	T	F	S
				1	2	3
4	5	6	7	8	9	10
11	12	13	14	15	16	17
18	19	20	21	22	23	24
25	26	27	28	29	30	31

december

S	M	T	W	T	F	S
		1	2	3	4	5
6	7	8	9	10	11	12
13	14	15	16	17	18	19
20	21	22	23	24	25	26
27	28	29	30	31		

NOVEMBER 1998

S	M	T	W	T	F	S
1	2	3	4	5	6	7
8	9	10	11	12	13	14
15	**16**	**17**	**18**	**19**	**20**	**21**
22	23	24	25	26	27	28
29	30					

NOTES

Between classes at the College of Laboratory Assistants

MONDAY

16

TUESDAY

17

WEDNESDAY

18

THURSDAY

19

FRIDAY

20

SATURDAY

21

SUNDAY

22

october

S	M	T	W	T	F	S
				1	2	3
4	5	6	7	8	9	10
11	12	13	14	15	16	17
18	19	20	21	22	23	24
25	26	27	28	29	30	31

december

S	M	T	W	T	F	S
		1	2	3	4	5
6	7	8	9	10	11	12
13	14	15	16	17	18	19
20	21	22	23	24	25	26
27	28	29	30	31		

NOVEMBER
1998

S	M	T	W	T	F	S
1	2	3	4	5	6	7
8	9	10	11	12	13	14
15	16	17	18	19	20	21
22	**23**	**24**	**25**	**26**	**27**	**28**
29	30					

NOTES

"Betty, you fool! Don't tease that thing!"

MONDAY

23

TUESDAY

24

WEDNESDAY

25

THURSDAY

26

THANKSGIVING

FRIDAY

27

SATURDAY

28

SUNDAY

29

october

S	M	T	W	T	F	S
				1	2	3
4	5	6	7	8	9	10
11	12	13	14	15	16	17
18	19	20	21	22	23	24
25	26	27	28	29	30	31

december

S	M	T	W	T	F	S
		1	2	3	4	5
6	7	8	9	10	11	12
13	14	15	16	17	18	19
20	21	22	23	24	25	26
27	28	29	30	31		

NOV - DEC 1998

S	M	T	W	T	F	S
1	2	3	4	5	6	7
8	9	10	11	12	13	14
15	16	17	18	19	20	21
22	23	24	25	26	27	28
29	**30**	**1**	**2**	**3**	**4**	**5**

NOTES

"You're up, Red."

MONDAY

30

TUESDAY

1

WEDNESDAY

2

THURSDAY

3

FRIDAY

4

SATURDAY

5

SUNDAY

6

october

S	M	T	W	T	F	S
				1	2	3
4	5	6	7	8	9	10
11	12	13	14	15	16	17
18	19	20	21	22	23	24
25	26	27	28	29	30	31

december

S	M	T	W	T	F	S
		1	2	3	4	5
6	7	8	9	10	11	12
13	14	15	16	17	18	19
20	21	22	23	24	25	26
27	28	29	30	31		

december
1 9 9 8

S	M	T	W	T	F	S
		1	2	3	4	5
6	**7**	**8**	**9**	**10**	**11**	**12**
13	14	15	16	17	18	19
20	21	22	23	24	25	26
27	28	29	30	31		

NOTES

"I don't know what you're insinuating, Jane, but I haven't seen your Harold all day—besides, surely you know I would only devour my *own* husband."

MONDAY

7

TUESDAY

8

WEDNESDAY

9

THURSDAY

10

FRIDAY

11

SATURDAY

12

SUNDAY

13

NOVEMBER

S	M	T	W	T	F	S
1	2	3	4	5	6	7
8	9	10	11	12	13	14
15	16	17	18	19	20	21
22	23	24	25	26	27	28
29	30					

JANUARY '99

S	M	T	W	T	F	S
					1	2
3	4	5	6	7	8	9
10	11	12	13	14	15	16
17	18	19	20	21	22	23
24/31	25	26	27	28	29	30

december
1 9 9 8

S	M	T	W	T	F	S
		1	2	3	4	5
6	7	8	9	10	11	12
13	**14**	**15**	**16**	**17**	**18**	**19**
20	21	22	23	24	25	26
27	28	29	30	31		

NOTES

"Yo! Farmer Dave! Let's go, let's go, let's go! ... You gettin' up with us chickens or not?"

MONDAY

14

HANUKKAH

TUESDAY

15

WEDNESDAY

16

THURSDAY

17

FRIDAY

18

SATURDAY

19

SUNDAY

20

NOVEMBER

S	M	T	W	T	F	S
1	2	3	4	5	6	7
8	9	10	11	12	13	14
15	16	17	18	19	20	21
22	23	24	25	26	27	28
29	30					

JANUARY '99

S	M	T	W	T	F	S
					1	2
3	4	5	6	7	8	9
10	11	12	13	14	15	16
17	18	19	20	21	22	23
24/31	25	26	27	28	29	30

december
1 9 9 8

S	M	T	W	T	F	S
		1	2	3	4	5
6	7	8	9	10	11	12
13	14	15	16	17	18	19
20	**21**	**22**	**23**	**24**	**25**	**26**
27	28	29	30	31		

NOTES

"Well, this shouldn't last too long."

MONDAY

21

TUESDAY

22

WEDNESDAY

23

THURSDAY

24

FRIDAY

25

CHRISTMAS

SATURDAY

26

BOXING DAY (CANADA)

SUNDAY

27

NOVEMBER

S	M	T	W	T	F	S
1	2	3	4	5	6	7
8	9	10	11	12	13	14
15	16	17	18	19	20	21
22	23	24	25	26	27	28
29	30					

JANUARY '99

S	M	T	W	T	F	S
					1	2
3	4	5	6	7	8	9
10	11	12	13	14	15	16
17	18	19	20	21	22	23
24/31	25	26	27	28	29	30

DEC - JAN
'98 – '99

S	M	T	W	T	F	S
		1	2	3	4	5
6	7	8	9	10	11	12
13	14	15	16	17	18	19
20	21	22	23	24	25	26
27	**28**	**29**	**30**	**31**	**1**	**2**

NOTES

"In the wild, of course, they'd be natural enemies. They do just fine together if you get 'em as pups."

MONDAY	TUESDAY	WEDNESDAY
28	29	30

THURSDAY	FRIDAY	SATURDAY
31	1 NEW YEAR'S DAY	2
		SUNDAY
		3

NOVEMBER

S	M	T	W	T	F	S
1	2	3	4	5	6	7
8	9	10	11	12	13	14
15	16	17	18	19	20	21
22	23	24	25	26	27	28
29	30					

JANUARY '99

S	M	T	W	T	F	S
					1	2
3	4	5	6	7	8	9
10	11	12	13	14	15	16
17	18	19	20	21	22	23
24 31	25	26	27	28	29	30

JANUARY 1999

FEBRUARY 1999

MARCH 1999

April 1999

May 1999

June 1999

July 1999

AUGUST 1999

SEPTEMBER 1999

october
1999

november
1999

december
1999

January ’97

S	M	T	W	T	F	S
			1	2	3	4
5	6	7	8	9	10	11
12	13	14	15	16	17	18
19	20	21	22	23	24	25
26	27	28	29	30	31	

February ’97

S	M	T	W	T	F	S
						1
2	3	4	5	6	7	8
9	10	11	12	13	14	15
16	17	18	19	20	21	22
23	24	25	26	27	28	

March ’97

S	M	T	W	T	F	S
						1
2	3	4	5	6	7	8
9	10	11	12	13	14	15
16	17	18	19	20	21	22
23/30	24/31	25	26	27	28	29

April ’97

S	M	T	W	T	F	S
		1	2	3	4	5
6	7	8	9	10	11	12
13	14	15	16	17	18	19
20	21	22	23	24	25	26
27	28	29	30			

May ’97

S	M	T	W	T	F	S
				1	2	3
4	5	6	7	8	9	10
11	12	13	14	15	16	17
18	19	20	21	22	23	24
25	26	27	28	29	30	31

June ’97

S	M	T	W	T	F	S
1	2	3	4	5	6	7
8	9	10	11	12	13	14
15	16	17	18	19	20	21
22	23	24	25	26	27	28
29	30					

July ’97

S	M	T	W	T	F	S
		1	2	3	4	5
6	7	8	9	10	11	12
13	14	15	16	17	18	19
20	21	22	23	24	25	26
27	28	29	30	31		

August ’97

S	M	T	W	T	F	S
					1	2
3	4	5	6	7	8	9
10	11	12	13	14	15	16
17	18	19	20	21	22	23
24/31	25	26	27	28	29	30

September ’97

S	M	T	W	T	F	S
	1	2	3	4	5	6
7	8	9	10	11	12	13
14	15	16	17	18	19	20
21	22	23	24	25	26	27
28	29	30				

October ’97

S	M	T	W	T	F	S
			1	2	3	4
5	6	7	8	9	10	11
12	13	14	15	16	17	18
19	20	21	22	23	24	25
26	27	28	29	30	31	

November ’97

S	M	T	W	T	F	S
						1
2	3	4	5	6	7	8
9	10	11	12	13	14	15
16	17	18	19	20	21	22
23/30	24	25	26	27	28	29

December ’97

S	M	T	W	T	F	S
	1	2	3	4	5	6
7	8	9	10	11	12	13
14	15	16	17	18	19	20
21	22	23	24	25	26	27
28	29	30	31			

January ’99

S	M	T	W	T	F	S
					1	2
3	4	5	6	7	8	9
10	11	12	13	14	15	16
17	18	19	20	21	22	23
24/31	25	26	27	28	29	30

February ’99

S	M	T	W	T	F	S
	1	2	3	4	5	6
7	8	9	10	11	12	13
14	15	16	17	18	19	20
21	22	23	24	25	26	27
28						

March ’99

S	M	T	W	T	F	S
	1	2	3	4	5	6
7	8	9	10	11	12	13
14	15	16	17	18	19	20
21	22	23	24	25	26	27
28	29	30	31			

April ’99

S	M	T	W	T	F	S
				1	2	3
4	5	6	7	8	9	10
11	12	13	14	15	16	17
18	19	20	21	22	23	24
25	26	27	28	29	30	

May ’99

S	M	T	W	T	F	S
						1
2	3	4	5	6	7	8
9	10	11	12	13	14	15
16	17	18	19	20	21	22
23/30	24/31	25	26	27	28	29

June ’99

S	M	T	W	T	F	S
		1	2	3	4	5
6	7	8	9	10	11	12
13	14	15	16	17	18	19
20	21	22	23	24	25	26
27	28	29	30			

July ’99

S	M	T	W	T	F	S
				1	2	3
4	5	6	7	8	9	10
11	12	13	14	15	16	17
18	19	20	21	22	23	24
25	26	27	28	29	30	31

August ’99

S	M	T	W	T	F	S
1	2	3	4	5	6	7
8	9	10	11	12	13	14
15	16	17	18	19	20	21
22	23	24	25	26	27	28
29	30	31				

September ’99

S	M	T	W	T	F	S
			1	2	3	4
5	6	7	8	9	10	11
12	13	14	15	16	17	18
19	20	21	22	23	24	25
26	27	28	29	30		

October ’99

S	M	T	W	T	F	S
					1	2
3	4	5	6	7	8	9
10	11	12	13	14	15	16
17	18	19	20	21	22	23
24/31	25	26	27	28	29	30

November ’99

S	M	T	W	T	F	S
	1	2	3	4	5	6
7	8	9	10	11	12	13
14	15	16	17	18	19	20
21	22	23	24	25	26	27
28	29	30				

December ’99

S	M	T	W	T	F	S
			1	2	3	4
5	6	7	8	9	10	11
12	13	14	15	16	17	18
19	20	21	22	23	24	25
26	27	28	29	30	31	

JANUARY '98

S	M	T	W	T	F	S
				1	2	3
4	5	6	7	8	9	10
11	12	13	14	15	16	17
18	19	20	21	22	23	24
25	26	27	28	29	30	31

FEBRUARY '98

S	M	T	W	T	F	S
1	2	3	4	5	6	7
8	9	10	11	12	13	14
15	16	17	18	19	20	21
22	23	24	25	26	27	28

MARCH '98

S	M	T	W	T	F	S
1	2	3	4	5	6	7
8	9	10	11	12	13	14
15	16	17	18	19	20	21
22	23	24	25	26	27	28
29	30	31				

APRIL '98

S	M	T	W	T	F	S
			1	2	3	4
5	6	7	8	9	10	11
12	13	14	15	16	17	18
19	20	21	22	23	24	25
26	27	28	29	30		

MAY '98

S	M	T	W	T	F	S
					1	2
3	4	5	6	7	8	9
10	11	12	13	14	15	16
17	18	19	20	21	22	23
24/31	25	26	27	28	29	30

JUNE '98

S	M	T	W	T	F	S
	1	2	3	4	5	6
7	8	9	10	11	12	13
14	15	16	17	18	19	20
21	22	23	24	25	26	27
28	29	30				

JULY '98

S	M	T	W	T	F	S
			1	2	3	4
5	6	7	8	9	10	11
12	13	14	15	16	17	18
19	20	21	22	23	24	25
26	27	28	29	30	31	

AUGUST '98

S	M	T	W	T	F	S
						1
2	3	4	5	6	7	8
9	10	11	12	13	14	15
16	17	18	19	20	21	22
23/30	24/31	25	26	27	28	29

SEPTEMBER '98

S	M	T	W	T	F	S
		1	2	3	4	5
6	7	8	9	10	11	12
13	14	15	16	17	18	19
20	21	22	23	24	25	26
27	28	29	30			

OCTOBER '98

S	M	T	W	T	F	S
				1	2	3
4	5	6	7	8	9	10
11	12	13	14	15	16	17
18	19	20	21	22	23	24
25	26	27	28	29	30	31

NOVEMBER '98

S	M	T	W	T	F	S
1	2	3	4	5	6	7
8	9	10	11	12	13	14
15	16	17	18	19	20	21
22	23	24	25	26	27	28
29	30					

DECEMBER '98

S	M	T	W	T	F	S
		1	2	3	4	5
6	7	8	9	10	11	12
13	14	15	16	17	18	19
20	21	22	23	24	25	26
27	28	29	30	31		